Lübeck

Uwe Bremse

Sachbuchverlag Karin Mader

Fotos und Text:
Uwe Bremse

D-2801 Grasberg

Grasberg 1989

Übersetzungen:
Englisch: Michael Meadows
Französisch: Mireille Patel

Printed in the Federal Republic of Germany

ISBN 3-921957-25-7

Bisher sind erschienen:

Aachen
Aschaffenburg
Baden-Baden
Bad Homburg v.d.H.
Bielefeld
Bonn
Bremen
Bremerhaven
Celle
Darmstadt
Darmstadt
und der Jugendstil
Duisburg
Düsseldorf
Essen
Flensburg
Frankfurt
Fulda
Gießen
Götttingen
Hamburg
Hameln
Hannover
Herrenhäuser Gärten
Heidelberg
Kassel
Kaiserslautern
Kiel
Köln
Limburg a.d. Lahn
Lübeck
Lüneburg
Mainz
Marburg
München
Münster
Oldenburg
Recklinghausen
Siegen
Trier
Ulm
Wiesbaden
Der Rheingau

Titelbild:
An der Untertrave zwischen der Meng- und Holstenstraße

Die Hansestadt Lübeck entwickelte sich im Mittelalter zur Königin der Hanse und Perle der Backsteingotik. Die in dieser Zeit entstandenen Gebäude wurden Vorbild für viele Bauten im gesamten Ostseeraum.
Heute zeigt sich die Großstadt als Einkaufs- und Kongreßzentrum, als Universitätsstadt, und als größter Fährhafen Europas mit einer Brückenfunktion nach Skandinavien.
Im Jahre 1987 erhielt Lübeck die Anerkennung als Weltkulturerbe durch die UNESCO, weil die Stadt eine gut erhaltene mittelalterliche Stadtanlage hat.

The Hanseatic city of Lübeck developed into the queen of the Hanseatic League and a gem of Gothic brickwork architecture during the Middle Ages. The buildings constructed during this time became models for many edifices in the entire Baltic Sea region.
Today the big city displays itself as a shopping and convention center, a university town and as Europe's largest ferry port with its "bridge" to Scandinavia.
In 1987 Lübeck received recognition for its international cultural heritage by UNESCO because the city possesses a well preserved medieval Old Town.

La ville hanséatique de Lübeck était au Moyen Age la reine de la Hanse et la perle du gothique de brique. Les bâtiments qui furent élevés à cette époque servirent de modèle architectural dans tous les pays de la Baltique.
De nos jours, c'est une grande ville, un centre d'achats et de congrès et une ville universitaire. C'est le plus grand port de ferry d'Europe et il sert de pont avec la Scandinavie.
Les constructions médiévales bien conservées de la ville lui valurent d'être reconnue héritage culturel mondial par l'UNESCO en 1987.

Ein Rundgang durch die historische Altstadt

Einen Stadtrundgang durch die historische Altstadt von Lübeck beginnt man am besten am Holstentor. „Concordia domi foris pax" – Eintracht innen, außen Friede – kündet in großen Buchstaben der Wahlspruch der Lübecker. Von der Aussichtsplattform der Petrikirche hat man eine eindrucksvolle Sicht über die alte Hansestadt und besonders über den Stadtteil St. Lorenz.

The best place to begin a tour through the historical Old Town of Lübeck is at Holstentor. "Concordia domi foris pax" – harmony within, peace without – is proclaimed in large letters as the motto of the people of Lübeck. From the observation platform of the Petri Church one has an impressive view over the old Hanseatic city, especially over the district of St. Lorenz.

Qui veut visiter la vieille ville historique de Lübeck commencera, de préférence, à la Holstentor. «Concordia domi foris pax» – concorde à l'intérieur, paix à l'extérieur – annonce en grosses lettres la devise des habitants de Lübeck. Du haut de la Petrikirche l'on a une vue impressionnante sur la vieille ville hanséatique et, en particulier, sur le quartier de St. Lorenz.

Neben dem Holstentor befinden sich sechs Salzspeicher aus dem 16. bis 18. Jahrhundert. Anfangs dienten diese Gebäude als Heringshäuser, später wurde hier wirklich Salz gespeichert, das aus Lüneburg kam. Hinter den Salzspeichern auf der Trave konnten die Schiffe bis an die Gebäude heranfahren.

Next to Holstentor there are six salt storehouses dating from the 16th to 18th century. At first these buildings served as herring houses, later salt from Lüneburg was really stored here. Behind the salt storehouses ships were able to sail on the Trave right up to the buildings.

A côté de la Holstentor se trouvent six entrepôts à sel des 16, 17 et 18e siècles. Ces bâtiments servaient, tout d'abord, à emmagasiner les harengs. Plus tard, l'on entreposa ici le sel venant de Lüneburg. Sur la Trave, à l'arrière, les bâteaux pouvaient parvenir jusqu'aux bâtiments.

An der Obertrave zeigt sich nach Westen eine interessante Abfolge von Hausgiebeln. Der an der Architektur interessierte Besucher wird die abwechslungsreiche Gestaltung der geschlossenen Bauweise bewundern. Immer wieder wird der Blick von den großartigen Hausfassaden gefangengenommen.

An interesting sequence of house gables displays itself towards the west on the Upper Trave. Visitors interested in architecture will admire the varied design of the unified style of construction. One's view is captured again and again by the magnificent facades.

Au bord de l'Obertrave, vers l'ouest, se trouve une succession remarquable de pignons. Le visiteur qui s'intéresse à l'architecture admirera la variété de conception de cet ensemble de bâtiments. On ne peut détacher le regard de ces admirables façades.

Der Bäckergang ist eine Verbindung zwischen der Fischergrube und der Engelsgrube. Es ist ein typischer Altstadtgang, der in den letzten Jahren saniert worden ist. Dadurch ist er ein beliebter Wohngang geworden. Besonders stilvoll ist das Fachwerkhaus mit seinem Reihenhauscharakter.

Bäckergang is a connection between Fischergrube and Engelsgrube. It is a typical Old Town passageway that has been renovated in recent years. It has thus become popular for walks through this pedestrian-only section. The half-timbered house with its row house character is particularly stylish.

Le Bäckergang réunit la Fischergrube à l'Engelsgrube. Ce passage qui a été assaini ces dernières années, est typique d'une ville ancienne. C'est pourquoi il est devenu un lieu résidentiel très apprécié. La maison à colombage a un cachet très particulier.

In der Großen Petersgrube kann ein Ensemble alter Hausgiebel bestaunt werden. Die Baustile der Gotik, des Barocks, des Rokkokos und der Klassizistik wechseln sich hier ab. In mehreren Häusern ist heute die Musikhochschule Lübeck würdevoll untergebracht.

In Große Petersgrube an ensemble of old gables can be admired. The architectural styles of the gothic, baroque, rococo and classicist periods alternate here. Today the Lübeck College of Music has a dignified location in several houses.

Dans la Große Petersgrube on peut admirer un ensemble de vieux pignons où alternent les styles gothique, baroque, rococo et néo-classique. Plusieurs de ces admirables locaux abritent l'Ecole Supérieure de Musique de Lübeck.

Unterhalb der Petrikirche hat sich im St. Jürgen Gang ein interessantes Puppenmuseum mit über 1000 Puppen aus aller Welt etabliert. In der Nähe gibt es auch ein Marionettentheater, das groß und klein mit seinen Aufführungen begeistert.

Below the Petrikirche an interesting doll and puppet museum with over 1000 dolls and puppets from all over the world has established itself in St. Jürgen Gang. Nearby there is also a marionette theater whose performances entertain both young and old.

Près de la Petrikirche, dans le St. Jürgen Gang, se trouve un musée fort intéressant. Il présente plus de 1000 poupées venant du monde entier. Dans le voisinage il y a aussi un théâtre de marionnettes dont les représentations remplissent d'enthousiasme petits et grands.

An der Untertrave liegen seit einigen Jahren mehrere Oldtimer-Schiffe. Hier weht ein Hauch von Gemütlichkeit; und von Jahr zu Jahr nimmt die Anzahi der Schiffe „aus der guten alten Zeit“ zu. Außerdem wird man durch die alten Schiffe immer wieder daran erinnert, daß Lübeck schon im Mittelalter ein bedeutender Ostseehafen war.

Several old-timer ships have been kept on the Lower Trave for some years. There is an atmosphere of old-fashioned cosiness here; and from year to year the number of ships “from the good old days” increases. Moreover, one is reminded again and again by these old ships that Lübeck was already a significant Baltic Sea port during the Middle Ages.

Dans la Untertrave sont ancrés, depuis quelques années, quelques vieux navires. Ici l’on respire un air du bon vieux temps. Les bateaux deviennent plus nombreux d’année en année et rappellent que Lübeck était, dès le Moyen Age, un port important sur la Baltique.

Das Lübecker Rathaus entwickelte sich am Marktplatz aus ehemaligen Gewandhäusern seit den Jahren 1230/40. Im Jahre 1235 wurde die gotische Schaufassade mit den beiden Windlöchern errichtet; und in der zweiten Hälfte des 16. Jahrhunderts entstand die Sandstein-Laube im Stil der Renaissance. Die in der Palmsonntagnacht 1942 zerstörte ehemalige Kriegsstube (rechts) zeigt ihren gotischen Schmuck mit Türmchen, Windlöchern und Wappenschildern. Das Lübecker Rathaus wurde im Mittelalter zum Vorbild für weitere Rathäuser im Ostseeraum.

Lübeck's Town Hall developed out of former cloth merchant houses at the marketplace beginning in the years 1230/40. In 1235 the Gothic ornamental facade was built with the two openings; and in the second half of the 16th century the sandstone pergola was constructed in Renaissance style. The former war conference room (on right), which was destroyed during Palm Sunday night in 1942, displays its Gothic ornamentation with little towers, openings and shields with coats-of-arms. During the Middle Ages Lübeck's Town Hall became a model for other town halls in the Baltic Sea region.

Des constructions pour les drapiers sont à l'origine de l'hôtel de ville que l'on commença à construire à partir de 1230/40. En 1235 fut élevée la façade gothique avec ses deux soupiraux. Les arcades de grès, de style Renaissance, datent de la deuxième moitié du 16e siècle. L'ancienne Kriegsstube (à droite), détruite le dimanche des Rameaux 1942, est ornementée de tourelles, de soupiraux et de blasons gothiques. Au Moyen Age, l'hôtel de ville de Lübeck devint un modèle pour d'autres hôtels de ville dans les pays baltiques.

Der Kaak gilt als Wahrzeichen der Marktgerechtsame und der niederen Gerichtsbarkeit. Er befindet sich auf dem Lübecker Marktplatz und wurde erst vor wenigen Jahren neu errichtet. Wegen seines Neubaus gab es in Lübeck eine heftige Diskussion.

"Kaak" is regarded as a symbol of market rights and lower jurisdiction. It is located at Lübeck's marketplace and was rebuilt a few years ago. There was vehement discussion in Lübeck about its reconstruction.

Le Kaak passe pour le symbole des privilèges de marché et de la juridiction des causes mineures. Il est situé sur la place du Marché de Lübeck et ne fut reconstruit que récemment. Sa reconstruction causa, à Lübeck, de violentes discussions.

Das Schabbelhaus in der Mengstraße 48 hat eine alte Restaurant-Tradition und gehört zu den führenden Häusern seiner Branche. Im Saal erkennt man an den hochgezogenen Fenstern das alte Lübecker Dielenhaus. Durch die bis zu fünf Meter hohen Fenster sollte mehr Licht in die Diele fallen.

Schabbelhaus at Mengstraße 48 has an old restaurant tradition and is among the leading establishments in its trade. One recognizes the old Lübeck hall-type house in the high windows. More light was supposed to come into the large hall through windows that are up to five meters in height.

Au no 48 de la Mengstraße, la Schabbelhaus, un restaurant dont la tradition est fort ancienne, est l'un des principaux établissements de cette branche. On reconnaît les hautes fenêtres de l'ancienne «Dielenhaus» typique des maisons de Lübeck. La lumière entrait dans le vestibule (Diele) par des fenêtres qui pouvaient avoir jusqu'à cinq mètres de haut.

QUELLE

Die Breite Straße mit der eintürmigen Jakobikirche ist als Fußgängerzone die Einkaufsstraße Lübecks.
Das Kanzleigebäude (Bild rechts) schließt sich in der Breite Straße an das Rathaus nach Norden an, benachbart zur Marienkirche. Das Gebäude reicht seit 1614 bis zur Mengstraße. Die Fassade von 1791 zeigt Hausteineinlagen aus Kalksandstein, die die Backsteinarchitektur beleben. In diesem Gebäude war die Schreibstube des Rates untergebracht.

Breite Straße, with the single-tower Jakobi Church, is a pedestrian zone and Lübeck's shopping street.
The Kanzleigebäude (picture on right) adjoins the Town Hall to the north on Breite Straße, adjacent to Marienkirche. The building has extended to Mengstraße since 1614. The facade dating from 1791 displays ashlar inlay stone work made of sand-lime brick that animates the brickwork architecture. The writing room of the town council was located in this building.

La Breite Straße, où se trouve la Jakobikirche à une tour, est une voie piétonne et la rue commerçante de Lübeck.
Le Kanzleigebäude (à droite), voisin de la Marienkirche, est contigu, vers le nord, à l'hôtel de ville. Depuis 1614, cet édifice s'étend jusqu'à la Mengstraße. Dans la façade de 1791 sont insérées des pierres de grès qui enjolivent l'architecture de brique. Ce bâtiment abritait la chancellerie du conseil municipal.

Neben St. Jakobi befindet sich die Schiffergesellschaft, das Haus der Schiffer, mit einer interessanten Innenausstattung. Das Treppengiebelhaus wurde im Jahre 1535 errichtet. Auf den beiden Beischlagwangen vor dem Portal steht der Spruch „Allen zu gefallen …“ (links) „… ist unmöglich“ (rechts).

The Sailors' Association, the House for Sailors, with its interesting interior furnishings is located next to St. Jakobi. The stepped gable house was built in 1535. On the two sides of the entrance in front of the portal is the saying "Pleasing everyone …" (on the left) "… is impossible" (on the right).

A côté de St. Jakobi se trouve la Maison de la Corporation des Marins (Haus der Schiffer) dont la décoration intérieure et le mobilier sont remarquables. Cette maison avec un pignon en escalier fut construite en 1535. Sur les deux panneaux devant le portail, est inscrite la maxime: «Plaire à tous» (à gauche) «est impossibile» (à droite).

Das Buddenbrookhaus in der Mengstraße 4 stammt von 1758. Erhalten blieb allerdings nur die Barockfassade mit dem Figurenschmuck von D.J. Boy, der auch die Figuren der Puppenbrücke geschaffen hat. Dieses Haus, durch Thomas Manns Roman „Die Buddenbrooks“ berühmt geworden, ist aber nicht sein Geburtshaus.

Buddenbrookhaus at Mengstraße 4 dates from 1758. But only the baroque facade with the decorative figures by D.J. Boy, who also created the figures of the Puppet Bridge, remained intact. This house, which became famous by virtue of Thomas Mann’s novel “Die Buddenbrooks”, is not his house of birth, however.

La maison Buddenbrook, au no 4 de la Mengstraße, date de 1758. Seule la façade baroque, décorée de personnages, a été conservée. Elle est l’œuvre de D.J. Boy qui exécuta aussi les statues du pont «Puppenbrücke». Cette maison, rendue célèbre par le roman de Thomas Mann «Die Buddenbrooks», n’est pas la maison natale de cet homme de lettres.

Die Stiftungshöfe sind Gründungen wohlhabender Lübecker zugunsten der Armen. Der Haasenhof (Bild oben) von Magdalena Haase aus dem Jahre 1727 ist die jüngste Einrichtung dieser Art mit einem sehr dekorativen Vorsteherzimmer. Der Füchtings Hof (Bild rechts) von Johann Füchting ist der geräumigste.

The foundation courtyard edifices were set up for the benefit of the poor by wealthy Lübeck citizens. Haasenhof (picture above) of Magdalena Haase, dating from 1727, is the newest facility of this kind with a very decorative chairman's room. Füchtings Hof (picture on right) of Johann Füchting is the most spacious.

Les «Stiftungshöfe» sont des établissements fondés par les riches bourgeois de Lübeck pour les pauvres. Le Haasenhof (photo ci-dessus) de Magdalena Haase, datant de 1727, est le plus récent d'entre eux. La pièce du président est très décorative. Le Füchtings Hof (à droite) est le plus vaste.

Die Lübecker Bürgerhäuser standen an der Straße dicht an dicht in geschlossener Bauweise. Unten befanden sich die Diele, die Büros, die Küche und auch der Wohnraum, und in den oberen Stockwerken war der Lagerraum. Als der Platz für das Wohnen im Haupthaus nicht mehr ausreichte, entstand nach hinten ein Flügelanbau.

Lübeck's town houses stood side by side on the street in a unified style of construction. Downstairs were the hall, offices, kitchen as well as the living room, and the storeroom was on the upper floors. When the living space in the main building was no longer sufficient, a wing was built onto the rear.

Les maisons des bourgeois de Lübeck étaient construites les unes contre les autres et formaient un ensemble. En bas se trouvaient le vestibule, les bureaux, la cuisine et les autres pièces habitables. Les étages supérieurs servaient d'entrepôts. Lorsque la place devenait insuffisante, on ajoutait une aile vers l'arrière.

Das Heilig-Geist-Hospital ist die älteste soziale Einrichtung Lübecks, die schon nach 1280 entstanden ist. Das dreigiebelige Gebäude wurde um 1286 vollendet und ist die Kirche zu dem dahinter befindlichen Hospital und späteren Altersheim. Das Langhaus mit den vielen Buden, von denen jede früher eine Altenunterkunft war, ist 88 m lang.

The Heilig-Geist Hospital is the oldest social facility in Lübeck, dating from after 1280. The three-gabled building was completed around 1286 and is the church for the hospital situated behind it, later to become an old age home. The nave with the numerous booths, each of which used to offer lodging for the elderly, is 88 m long.

Le Heilig-Geist-Hospital, commencé en 1280, est la plus vieille institution sociale de Lübeck. L'édifice à trois pignons, terminé vers 1286, est l'église de l'hôpital (plus tard asile de vieillards) qui est situé derrière. La nef avec les nombreuses pièces où étaient logés les vieux a 88 m de long.

Die Sanierung der Altstadt ist ein wichtiges Mittel, um die Abwanderung aus Lübeck in das Umland zu stoppen. Dabei geht es darum, sowohl die Räumlichkeiten zu erweitern und mehr Wohnkomfort zu schaffen als auch ein ästhetisches Äußeres wiederherzustellen. Von der Sanierung werden Höfe wie der Glandorps Hof ebenso erfaßt wie das Doppelhaus in der Großen Gröpelgrube.

Renewal of the Old Town is an important means for stopping migration out of Lübeck to the surrounding area. The aim here is to expand the facilities and create more home comfort as well as to restore an aesthetic appearance. The edifices involved in this renewal process include Glandorps Hof and the semi-detached house in Große Gröpelgrube.

L'assainissement des vieux quartiers est un moyen efficace pour retenir les habitants en ville. Pour ceci il faut agrandir les surfaces habitables, apporter plus de comfort et redonner un aspect esthétique à l'extérieur. Le programme d'assainissement inclut les «Höfe» tels que le Glandorps Hof de même que la maison double dans la Große Gröpelgrube.

35

Das Lübecker Burgtor mit seinem markanten Helm ist das einzige erhaltene Stadttor der Hansestadt mit seiner ursprünglichen Funktion. Man verläßt durch dieses Tor die Lübecker Innenstadt nach Norden. Rechts befindet sich das Zöllnerhaus von 1571, in dem die Schriftstellerin Ida Boy-Ed eine Ehrenwohnung von der Stadt gestellt bekam.

The Burgtor in Lübeck with its striking helm roofs is the only intact town gate in the Hanseatic city that still has its original function. One leaves Lübeck's center through this gate heading towards the north. On the right is Zöllnerhaus dating from 1571 where the writer Ida Boy-Ed was given an honorary apartment by the city.

La Burgtor, avec son remarquable sommet est la seule porte fortifiée de la ville hanséatique qui ait été conservée. Par cette porte on quitte, au nord, le centre de la ville. A droite, se trouve la Zöllnerhaus de 1571. La ville honora la femme de lettres Ida Boy-Ed en y mettant un logis à sa disposition.

Das Burgkloster wird seit 1976 restauriert. Es soll nach seiner Fertigstellung entweder ein stadtgeschichtliches Museum oder ein Hanse-Museum beherbergen. Das Kloster wurde nach dem Sieg der Deutschen gegen Dänemark im Jahre 1227 errichtet. Die freigelegte mittelalterliche Malerei befindet sich in der Sakristei.

Restoration of the „Burgkloster" has been under way since 1976. After its completion it is to accommodate either a museum of town history or a Hanseatic museum. The monastery was built after the victory of the Germans against Denmark in 1227. The exposed medieval painting work is in the sacristy.

La restauration du Burgkloster est en cours depuis 1976. Un musée d'histoire de la ville ou un musée de la Hanse doit y être aménagé. Le monastère a été construit après la victoire des Allemands sur les Danois en 1227. Les peintures médiévales, remises à jour, se trouvent dans la sacristie.

Fritz
Reuter
Eik

Viele Grünzonen umgeben die Hansestadt Lübeck. Neben den Wäldern bieten auch die stadtnahen Parks, z.B. die Wallanlagen, der Dräger- und Stadtpark (links), Erholungsmöglichkeiten.

Der Behnhausgarten ist ein Teil der Bürgergärten der Hansestadt. Links erkennt man das Behnhaus, rechts das Drägerhaus. Beide sind kunst- und kulturgeschichtliche Museen.

Many green areas surround the Hanseatic city of Lübeck. Besides the forests, there are also nearby parks, such as the town embankment grounds, Drägerpark and Stadtpark (on the left), offering recreation and relaxation.

Behnhaus Garden is part of the town gardens of the Hanseatic city. On the left one can see Behnhaus, on the right Drägerhaus. Both are museums of art and cultural history.

De nombreux espaces verts entourent la ville de Lübeck. A proximité de la ville, les forêts, les parcs des Wallanlagen, de Drägerpark et de Stadtpark sont des lieux de détente pour les habitants.

Le Behnhausgarten fait partie des Bürgergärten. A gauche, on reconnaît la Behnhaus, à droite, la Drägerhaus. Toutes deux sont des musées d'histoire de l'art et de la culture.

Von Westen nähert man sich der Hansestadt Lübeck über die Puppenbrücke der historischen Altstadt. Die Originale der Sandsteinfiguren von Dietrich Jürgen Boy von 1774 bis 1776 sind durch Nachbildungen ersetzt worden. Götterbote Merkur wendet den Besuchern den „bloßen Podex" (E. Geibel) zu.

Zu Lübeck auf der Brücken,
da steht der Gott Merkur.
Er zeigt in allen Stücken
olympische Figur.
Er wußte nichts von Hemden
in seiner Götterruh',
drum kehrt er allen Fremden
den bloßen Podex zu.
(Emanuel Geibel)

From the west one approaches the Hanseatic city of Lübeck via the Puppet Bridge of the historical Old Town. The original sandstone figures created by Dietrich Jürgen Boy from 1774 to 1776 have been replaced by replicas. Mercury, the messenger of the gods, turns his "bare posterior" (E. Geibel) to visitors.

On a bridge in Lübeck,
stands the god, Mercury,
in every way displaying
Olympic stature.
He knew nothing of clothing
in his divine repose,
thus to all passers-by
he turns his bare posterior.
(Emanuel Geibel)

On atteint la ville hanséatique de Lübeck, à l'ouest, par le Puppenbrücke de la vieille ville historique. Les sculptures de grès de D.J. Boy, datant de 1774 à 1776, ont été remplacées par des copies. Le messager des dieux, Mercure, tourne vers les visiteurs son «postérieur nu» (E. Geibel).

A Lübeck, sur le pont,
se trouve le dieu Mercure.
Il montre en tous points
un aspect olympien.
Point ne connaisait de chemise
dans son naturel divin.
Aussi vers tous les étrangers
il tourne son postérieur nu.
(Emanuel Geibel)

Seit dem Mittelalter ist Lübeck von mehreren Sicherungsanlagen umgeben. Neben den natürlichen Sicherungen von Trave und Wakenitz gibt es einen Stadtgraben, die Wallanlagen, die Stadttore, Türme und die Stadtmauer, die im Osten der Stadt nach der Restaurierung zum Teil wieder zu sehen ist.

Since the Middle Ages Lübeck has been surrounded by several protective elements. In addition to the natural protection offered by the Trave and Wakenitz, there is a town moat, embankment, town gates, towers and the city wall that can partially be seen again in the eastern section of the town after restoration.

Depuis le Moyen Age, Lübeck est entourée de nombreuses constructions défensives. En plus des défenses naturelles que constituent la Trave et le Wakenitz, il y a un fossé, des remblais, des portes fortifiées, des tours et des remparts dont on peut voir les vestiges restaurés à l'est de la ville.

Das Statius-von-Düren-Haus befindet sich in der Musterbahn 3. Viele Terrakotten verzieren die Hausfront und lassen etwas von der großen Kunst dieses Handwerks erahnen. Auch an anderen Gebäuden der Altstadt, z.B. am Holstentor und am Zöllnerhaus am Burgtor, sind noch Terrakotten des Statius von Düren erhalten geblieben.

The Statius-von-Düren House is located at Musterbahn 3. Much terracotta work adorns the house-front, giving one an idea of the great art involved in this craft. Terracotta work by Statius von Düren has also remained preserved on other buildings in the Old Town, for example, at Holstentor and at Zöllnerhaus at the Castle Gate.

La Statius-von-Düren-Haus est située au no 3 de la Musterbahn. Des reliefs de terre cuite décorent la façade de la maison et nous donnent un aperçu de la grande valeur artistique de cet artisanat. D'autres bâtiments de la vieille ville, la Holstentor et la Zöllnerhaus de la Burgtor par exemple, sont aussi ornées de reliefs de terre cuite de Statius von Düren.

Das St. Annen-Museum ist ein Museum für Lübecker Kunst- und Kulturgeschichte. Neben zwei Innenhöfen – in einem befinden sich die Originalfiguren der Puppenbrücke – beherbergt der Hauptraum, der Remter, des kurz vor der Reformation entstandenen Klosters, eine umfangreiche Sammlung Lübecker Altäre.

The St. Annen Museum is a museum for Lübeck's art and cultural history. In addition to two inner courtyards – the original figures of the Puppet Bridge are in one of them – the main room, "Remter" (refectory), of the convent dating from shortly before the Reformation, contains an extensive collection of Lübeck altars.

Le St. Annen-Museum est un musée de l'histoire de l'art et de la culture de Lübeck. En plus de deux cours intérieures (dans l'une se trouvent les originaux des sculptures du Puppenbrücke), le Remter, la salle principale de ce monastère fondé peu avant la Réforme, renferme une riche collection d'autels de Lübeck.

Die gotischen Stadtkirchen

Das Lübecker Stadtbild wird durch die einmalige Kirchenlandschaft geprägt, die der Hansestadt die Bezeichnung „Stadt der sieben Türme“ eintrug.
Der Dom ist eine dreischiffige Hallenkirche aus Backstein, mit deren Bau um 1173 begonnen wurde. Die beiden Türme erhielten nach dem Krieg einen neuen Helm. Sehenswert ist das nördliche Vorhallenportal, das sogenannte Paradies, sowie das Triumphkreuz und die Kapellen im südlichen Seitenschiff.

Lübeck's townscape is characterized by the unique church panorama that gave the Hanseatic city the name "city of seven towers".
The cathedral is a three-nave brick church whose construction was begun around 1173. The two towers received a new helm roof after the war. The northern vestibule portal, so-called Paradise, as well as the triumphal cross and the chapels in the southern side aisle are worth viewing.

L'aspect de Lübeck doit beaucoup à ses églises au cachet bien particulier qui lui ont valu d'être nommée «la ville des sept clochers».
La cathédrale est une église de brique à trois vaisseaux dont la construction fut commencée en 1173. Les deux clochers ont été dotés de nouvelles flèches après la guerre. Le portail du narthex nord, appelé «le Paradis», la grande croix d'apparat et la chapelle du bas-côté sud sont remarquables.

Das über 17 m hohe Triumphkreuz im Dom schuf Bernt Notke für den Bischof Albert Krummedik. Mit dem Lettner dahinter bildet es eine besondere Einheit. Man braucht Zeit, um den religiösen Sinn dieses Kunstwerks voll zu entschlüsseln. Eindrucksvoll ist auch die Kanzel von 1568.

Bernt Notke created the over 17 m high triumphal cross in the cathedral for Bishop Albert Krummedik. It forms a special unity with the choir screen behind it. One needs time to decipher the religious meaning of this work of art. The pulpit dating from 1568 is also impressive.

Dans la cathédrale, la grande croix d'apparat de 17 m de haut fut réalisée par Bernt Notke pour l'évêque Albert Krummedik. Elle forme une unité avec le jubé qui se trouve derrière. Il faut longtemps pour bien comprendre la signification religieuse de cette œuvre d'art. La chaire de 1568 est, elle aussi, très impressionnante.

Die Marienkirche zeigt vom Petriturm aus ihre volle Ausdruckskraft als gotische Backsteinhallenkirche. Mit 125 bzw. 126 m Höhe sind die Kirchtürme die höchsten Norddeutschlands. Auch St. Marien wurde in der Palmsonntagnacht 1942 zerstört. Der figurenreiche Marienaltar befindet sich in der Marientidenkapelle.

From the Petri tower the Marienkirche displays its full espressiveness as a Gothic brick church. Having a height of 125 m and 126 m, respectively, the church towers are the highest in northern Germany. St. Marien was also destroyed during Palm Sunday night in 1942. The Altar of the Virgin Mary with its many figures is located in the Marientiden Chapel.

C'est du clocher de la Petrikirche que la Marienkirche manifeste toute sa force d'expression d'église du gothique de brique. Ses clochers de 125 et 126 m sont les plus hauts d'Allemagne du nord. La Marienkirche fut, elle aussi, détruite pendant la nuit du dimanche de Rameaux 1942. L'autel, riche en personnages, se trouve dans la Marientidenkapelle.

Die Petrikirche ist die einzige fünfschiffige Hallenkirche in Norddeutschland. Der gotische Bau mit den hohen spitzbogigen Fenstern läßt nicht erkennen, daß er aus einem romanischen Vorbau entstanden ist. Die ursprünglich dreischiffige Kirche wurde im 15. und 16. Jahrhundert in ein fünfschiffiges Gotteshaus, das sich nach der Restaurierung in einem schlichten Weiß mit wenig Ornamentik zeigt, umgewandelt.

The Petri Church is the only five-nave hall-type church in northern Germany. The Gothic structure with its high, pointed arch windows does not show that it originated from a previous Romanic edifice. In the 15th and 16th century the originally three-nave church was converted into a five-nave house of worship that since its restoration has displayed itself in plain white with little ornamentation.

La Petrikirche est la seule église à cinq vaisseaux d'Allemagne du nord. L'édifice gothique aux hautes ogives ne laisse pas reconnaître qu'il s'est developpé à partir d'une construction romane. L'église qui, à l'origine, avait trois vaisseaux fut remaniée aux 15 et 16e siècles et transformée en édifice blanc, très sobre.

Die Große Orgel in St. Jakobi hat eine über 500 Jahre alte Geschichte und ist ein ausgesprochenes Kunstwerk mit ihrem herrlichen Orgelprospekt. Auch Hugo Distler spielte an diesem Musikinstrument. Sehens- und hörenswert ist ebenfalls die kleine Stellwagenorgel von 1467/1515 an der Nordwand von St. Jakobi.

The Great Organ in St. Jakobi has an over 500-year-old history and is a genuine work of art with its magnificent organ backdrop. Hugo Distler also played on this musical instrument. The small organ on the north wall of St. Jakobi, dating from 1467/1515, is also worth seeing and hearing.

Le grand orgue dans l'église St. Jakobi a plus de 500 ans et est une véritable œuvre d'art avec son magnifique buffet d'orgue. C'est à cet instrument que jouait Hugo Distler. Le petit orgue de 1467/1515, sur le côté nord de St. Jakobi, vaut aussi la peine d'être vu et entendu.

Die Katharinenkirche erhebt sich mit ihrem Chor und den beiden Querschiffen nur wenig über die Dächer der Stadt. Sehenswert sind in der Westfassade dieser Museumskirche die Figuren von Ernst Barlach und Gerhard Marcks. Der reichverzierte Lettner in St. Aegidien ist eine Schnitzarbeit von Tönnies Evers d.J. aus dem Jahre 1587.

Katharinenkirche with its choir and two transepts rises only slightly above the roofs of the city. The figures of Ernst Barlach and Gerhard Marcks in the west facade of this museum church are well worth seeing. The richly ornamented choir screen in St. Aegidien consists of carving work by Tönnies Evers the Younger from the year 1587.

Le chœur et les deux transepts de la Katharinenkirche ne s'élèvent qu'à peine au-dessus des toits de la ville. Sur la façade ouest de cette église transformée en musée, les plastiques d'Ernst Barlach et de Gerhard Marcks sont remarquables. Le jubé richement sculpté dans St. Aegidien est une œuvre de Tönnies Evers le Jeune et date de 1587.

Hafen und Wirtschaft

An der Untertrave zwischen Lübeck und Travemünde hat sich in den letzten 100 Jahren eine Industriegasse entwickelt. Maschinenfabriken, ein Hochofenwerk, ein Kraftwerk, ein keramisches Werk, Stahlhochbau sowie ein Baggerbauunternehmen siedelten sich unter anderem hier an. Sie tragen neben den Schiffswerften beträchtliches zur Wirtschaft Lübecks bei.

An industrial lane has developed on the Lower Trave between Lübeck and Travemünde over the last 100 years. Machine plants, a blast furnace works, a power plant, a ceramics factory, steel building construction firms as well as a power shovel construction company, among others, were established here and along with the shipyards represent an integral part of Lübeck's economy.

Sur la Trave inférieure, entre Lübeck et Travemünde, s'est développé, pendant les cent dernières années, un couloir industriel. Des usines de constructions mécaniques, un haut fourneau, une usine de force motrice, une usine de céramique, une aciérie et une usine de pelles mécaniques se sont installées ici. Ces industries, auxquelles il faut ajouter les chantiers de constructions navales, contribuent à l'économie de Lübeck.

Lübeck – Travemünde

Travemünde, „die schönste Tochter" der Hansestadt, ist ein Stadtteil an der Lübecker Bucht. Ursprünglich war es eine kleine Fischersiedlung mit dem Zentrum um die St. Lorenzkirche. Zum Fischereihafen, in dessen Nähe regelmäßig ein Fischmarkt veranstaltet wird, haben es die Berufs- und Hobbyfischer nicht weit.

Travemünde, "the most beautiful daughter" of the Hanseatic city, is a city district on Lübeck Bay. Originally it was a small fishing settlement with its center around St. Lorenz Church. The professional and amateur fischermen do not have a long way to get to the Fishery Harbor, in the proximity of which a fish market is held regularly.

Travemünde, «la plus belle fille» de la ville hanséatique est un quartier situé sur la baie de Lübeck. A l'origine c'était un petit village de pêcheurs groupé autour de la St. Lorenzkirche. Les pêcheurs professionnels ou amateurs n'ont pas loin à aller pour rejoindre le port de pêche près duquel a lieu régulièrement un marché aux poissons.

Lübeck ist seit den Tagen der Hansezeit mit der Ostsee verbunden. Schon im Bereich der Travemündung liegen viele kleine und große Fährschiffe, Segelschiffe, Motorboote, Fischkutter und Butterdampfer. Einige dieser Schiffe fahren nur in der Lübecker Bucht, andere verbinden die Fährhäfen der Ostseeanrainerstaaten. Der Dampfschiff- Eisbrecher Stettin – heute ein Museumsschiff – liegt als besondere Attraktion an der Travemündung.

Lübeck has been attached to the Baltic Sea since the days of the Hanseatic League. In the area around the mouth of the Trave there are many small and large ferry boats, sailboats, motor boats, fishing cutters and so-called "butter" steamships. Some of these boats only sail in Lübeck Bay, others connect the ferry ports of the countries bordering the Baltic Sea. The steamship- icebreaker Stettin – today a museum ship – lies at anchor at the mouth of the Trave as a special attraction.

Depuis le temps de la Hanse, Lübeck est liée à la mer Baltique. A l'embouchure de la Trave se trouvent de nombreux bacs petits et grands, des voiliers, des bateaux à moteur, des cotres et des vapeurs. Les uns ne circulent que dans la baie de Lübeck, d'autres relient les ports de ferry de la Baltique les uns aux autres. Le brise-glaces à vapeur Stettin – aujourd'hui musée – est une attraction toute spéciale à l'embouchure de la Trave.

Aus dem kleinen Fischerdorf Travemünde ist mit Lübeck zusammen der größte Fährhafen Europas geworden. Von dem seit 1962 sich entwickelnden Skandinavienkai wird der gesamte Personen- und Autoverkehr in die nordischen Länder abgewikkelt. Circa 2,2 Millionen Passagiere werden von hier aus befördert, unter anderem von der Finnjet, dem größten Travemünde regelmäßig anlaufenden Fährschiff.

Together with Lübeck the small fishing village of Travemünde has become Europe's largest ferry port. The entire passenger and rolling traffic bound for the Nordic countries is handled at Skandinavienkai, which has been developing since 1962. Approximately 2.2 million passengers are transported from here, on the Finnjet, for example, the largest ferry regularly sailing to and from Travemünde.

L'ancien petit village de pêcheurs de Travemünde est devenu, joint à la ville de Lübeck, le plus grand port de ferry d'Europe. Du Skandinavienkai qui date de 1962, s'effectue la totalité du transport de personnes et de véhicules avec les pays nordiques. Près de 2,2 millions de passagers sont transportés de cet endroit par le «Finnjet», en particulier, le plus grand ferry en service régulier à Travemünde.

Travemünde entwickelte sich seit 1802 zu einem Ostseeheilbad an der inneren Lübecker Bucht. Wasser, Strand, Kurpromenade, Kurgarten, ein Meerwasser-Wellenbad, ein Kurmittelhaus sowie andere Einrichtungen laden zum Erholen und Heilen ein. Das international bekannte Heilbad hat eine ganzjährige Saison. Links unten im Bild erkennt man das Casino.

Since 1802 Travemünde has developed into a Baltic Sea spa on the inner coast of Lübeck Bay. Water, beach, promenade, spa garden, a seawater swimming pool with artificially induced waves, spa rooms as well as other facilities are inviting for relaxation and healing purposes. The internationally known spa is open all year round. On the bottom left of the picture one can see the casino.

Depuis 1802, Travemünde est devenu une ville de bains de mer sur la baie de Lübeck. L'eau, le sable, les promenades, le jardin, une piscine d'eau de mer avec des vagues, un établissement balnéaire et d'autres facilités invitent au repos et à la guérison. Cette station balnéaire, connue dans le monde entier, accueille les curistes toute l'année. En bas à gauche, dans la photo, on reconnaît le casino.

Die Passat liegt an der Travemündung auf der Priwallseite fest. Dieser P-Liner erinnert an die Zeit der großen Segelschiffe, die einst die Weltmeere befuhren. Heute ist das „Museumsschiff" für die Öffentlichkeit zugänglich. Die Passat wird immer mehr das Symbol für die Travemünder Woche.

The Passat is tied up on the Priwall side of the mouth of the Trave. This P-liner reminds one of the times of the large sailing ships that once sailed the open seas. Today the "Museum Ship" is open to the public. The Passat will always be the symbol for Travemünde Week.

Le Passat est ancré dans la baie de Lübeck sur la rive de Priwall. Ce «P-Liner» rappelle le temps des grands voiliers qui voguaient, jadis, sur les mers du globe. C'est aujourd'hui un bateau musée ouvert au public. Le Passat est devenu le symbole de la semaine de Travemünde.

Chronik

819
Nachweis der Siedlung und Burganlage Alt Lübeck am Zusammenfluß von Trave und Schwartau.
1138
Zerstörung der christlichen Siedlung Alt Lübeck durch heidnische Wenden.
1143
Gründung Lübecks durch Graf Adolf II. von Holstein auf dem Hügel zwischen Wakenitz und Trave.
1157
Neugründung Lübecks an der Wakenitz durch Heinrich den Löwen nach einer Feuersbrunst.
1159
Erneute Gründung Lübecks am heutigen Marktplatz.
1160
Verlegung des Bischofssitzes von Oldenburg/Holstein nach Lübeck. Bald danach Beginn der Kirchenbauten.
1181
Bestätigung und Erweiterung von Privilegien durch Kaiser Friedrich Barbarossa.
1226
Verleihung der Reichsfreiheit durch Kaiser Friedrich II.
1251/76
Die Vernichtung großer Teile Lübecks durch Feuer führt zur Ausbreitung der Backsteinbauweise.
1358
Urkundliche Belegung der Bezeichnung „Städte von der deutschen Hanse". Lübeck entwickelt sich zum Haupt dieses Handelsbündnisses und geht als Königin der Hanse in die Geschichte ein.
1529/30
Reformation in Lübeck.
1621/41
Errichtung der Wallanlagen als Stadtbefestigung.
1630
Letzter Hansetag in Lübeck. Lübeck, Hamburg und Bremen tragen weiter die Bezeichnung Hansestadt.
1806
Besetzung der Stadt durch französische Truppen. Bis 1813 gehört Lübeck zum französischen Kaiserreich.
1815
Mitglied im Deutschen Bund.
1866
Beitritt zum Norddeutschen Bund.
1871
Lübeck wird Gliedstaat im Deutschen Reich.
1900
Einweihung des Elbe-Lübeck-Kanals.
1937
Eingliederung in die preußische Provinz Schleswig-Holstein und Ende der Reichsfreiheit nach 711 Jahren.
ab 1962
Entwicklung zum größten Fährhafen Europas und Tor nach Skandinavien durch den Skandinavienkai in Travemünde.
1987
Anerkennung als Weltkulturgut durch die UNESCO.
1989
100 Jahre Travemünder Woche mit Großseglertreffen.

Chronicle

819
Verification of the settlement and castle complex of Alt Lübeck at confluence of Trave and Schwartau.
1138
Destruction of Christian settlement of Alt Lübeck by heathen Wends.
1143
Lübeck is founded by Count Adolf II von Holstein on the hill between Wakenitz and Trave.
1157
Re-establishment of Lübeck on Wakenitz by Heinrich der Löwe after outbreak of fire.
1159
Lübeck re-established at present marketplace.
1160
Transfer of diocesan seat from Oldenburg/Holstein to Lübeck. Soon thereafter beginning of church building.
1181
Confirmation and expansion of privileges by Kaiser Friedrich Barbarossa.
1226
Conferring of status of free city by Kaiser Friedrich II.
1251/76
Destruction of large parts of Lübeck by fire leads to spread of brickwork architecture.
1358
Documentary proof of designation "cities of the German Hanseatic League". Lübeck develops into head of this trade alliance and goes down in history as queen of the Hanseatic League.
1529/30
Reformation in Lübeck.
1621/41
Setting up of embankment as city fortifications.
1630
Last Hanseatic conference in Lübeck. Lübeck, Hamburg and Bremen continue to bear the designation Hanseatic city.
1806
Occupation of the city by French troops. Until 1813 Lübeck belongs to French Empire.
1815
Member of German Confederation.
1866
Joins Northern German Confederation.
1871
Lübeck becomes member state in German Empire.
1900
Official opening of Elbe-Lübeck Canal.
1937
Incorporation into Prussian province of Schleswig-Holstein and end of status of free city after 711 years.
As of 1962
Development into largest ferry port in Europe and gateway to Scandinavia via Skandinavienkai in Travemünde.
1987
Recognition as international cultural site by UNESCO.
1989
100 years of Travemünde Week with coming together of large sailing ships.

Histoire

819
Une colonie de peuplement et un fort – Alt Lübeck – existent au confluent de la Trave et de la Schwartau.
1138
La colonie chrétienne d'Alt Lübeck est détruite par les Wendes païens.
1143
Fondation de Lübeck par le comte Adolf II von Holstein sur la colline entre la Wakenitz et la Trave.
1157
Après un incendie, Lübeck est fondé de nouveau sur la Wakenitz par Henri le Lion.
1159
Lübeck est fondé de nouveau sur l'emplacement de la place du Marché.
1160
Le siège de l'épiscopat est déplacé d'Oldenburg/Holstein à Lübeck. La construction des églises suit peu après.
1181
L'empereur Frédéric Barberousse confirme et étend les privilèges de la ville.
1226
L'empereur Frédéric II accorde à Lübeck le privilège de ville libre impériale.
1251/76
Des incendies détruisent plusieurs quartiers de la ville. Les constructions de brique deviennent plus nombreuses.
1358
L'appellation «villes de la Hanse allemande» mentionnée dans les documents. Lübeck devient la capitale de cette alliance commerciale et passe à l'histoire comme reine de la Hanse.
1529/30
La Réforme à Lübeck.
1621/41
Construction des remparts.
1630
Dernière assemblée de la Hanse à Lübeck. Lübeck, Hambourg et Brême continuent à porter le titre de «ville hanséatique».
1806
Occupation de la ville par les troupes françaises. La ville fait partie de l'Empire Français jusqu'en 1813.
1815
Lübeck est membre de la Ligue Allemande.
1866
Lübeck est membre de la Ligue d'Allemagne du nord.
1871
Lübeck est un état membre de l'Empire Allemand.
1900
Inauguration du canal Elbe-Lübeck.
1937
La ville est incorporée à la province prussienne de Schleswig-Holstein. Fin de la liberté impériale après 711 ans.
A partir de 1962
Lübeck devient le plus grand port de ferry d'Europe et une porte sur la Scandinavie après la construction du Skandinavienkai à Travemünde.
1987
La ville est reconnue bien culturel mondial par l'UNESCO.
1989
Centenaire de la semaine de Travemünde avec grande rencontre de voiliers.